AF229293

COLONISATION D'ALGER.

Causes qui en arrêtent le progrès.

Un des reproches les plus fréquents contre Alger, et un des arguments les plus répétés contre sa conservation et sa colonisation, c'est l'inutilité des dépenses jetées en pure perte par la France sur le sol africain.

Y a-t-il justice dans cette accusation? Est-il vrai qu'il y ait absence de progrès et d'amélioration, comme on le répète avec tant d'affectation? Est-il également vrai, que la colonie se refuse, par sa nature même, à toute prospérité? Enfin la lenteur de ses progrès doit-elle être attribuée au gouvernement d'Alger, ou bien doit-on en accuser ceux-là mêmes qui la lui reprochent?

Les lettres et notes que nous allons extraire d'une volumineuse correspondance fixeront à ce sujet les opinions les plus incertaines. M. le maréchal Clauzel s'empresse de soumettre ces documens à ses collègues de la chambre des députés.

Voici une note venue de la Suisse :

« Jusqu'à présent la question d'Alger reste incertaine. Les expéditions de Mascara, la présence du prince royal en Afrique etc , voilà des garanties nouvelles faites pour donner de la confiance. Toutefois, il faut le dire, cette confiance n'est pas complète. Nos suisses n'oseront pas se hasarder tant que la presse et les chambres ne seront pas d'accord sur ce point avec le ministère. Le moindre doute jette la perplexité dans les esprits. Tant que cette question ne sera pas vidée, les capitaux européens et les bras étrangers ne se présenteront pas. J'entends par conservation, la conservation coloniale car, sous ce point de vue, *celle de l'occupation des points militaires de la côte équivaut à une évacuation.* »

Extrait d'une seconde note :

« Tant que la conservation d'Alger ne sera pas un fait mis hors de discussion, la colonisation et les capitaux nécessaires manqueront à ce pays. Mieux vaut le 3 et 5 p 0⌐0. en Europe que le 10 p 0⌐0 à Alger, avec la chance que fait courir le vague qui plane encore sur la stabilité de la colonie. »

M. Baudouin, représentant de la maison de M. John Cockrill de Liège, écrit de Toulon, à la date du 7 mai dernier :

« M. le Maréchal,

« J'attendais votre passage à Marseille , pour vous offrir, *au nom de M. John Cockrill de Liège*, de fonder sous votre protection, un moulin à vapeur, à haute pression, de la force de 40 chevaux, pour satisfaire tant au besoin de l'armée qu'à celui de la colonie. »

Tous les moyens pour assurer la fondation de ce vaste établissement sont préparés , mais avant tout le fondateur désire être un peu rassuré sur le sort politique de la régence : surtout, si elle conservera son digne gouverneur, dont le nom a pu seul, inspirer assez de confiance : pour réunir les énormes capitaux pour se livrer avec succès à cette vaste entreprise. Etc.

« Du reste, la puissance commerciale de la maison Cockrill, vous répond du succès de l'opération.

« Je pars pour Alger et j'y attendrai etc. »

A la date du 12 janvier 1836. — Le délégué de la Société coloniale d'Alger, transmettait à M. le maréchal gouverneur, une proposition pour l'établissement d'une banque d'escompte et de consignations à Alger, au capital de cinq millions.

Cette banque doit être formée par des maisons belges et hollandaises : un des intéressés, venu à Paris pour cette affaire, lui écrivait à cette même date.

« Monsieur,

« D'après les bases arrêtées pour la création d'une banque d'escompte et consignations à Alger, dont vous avez adressé le plan au maréchal gouverneur de la colonie, je me fais fort de fournir le capital social, lorsqu'elles auront été approuvées par M. le gouverneur... Vous savez par les affaires que j'ai traitées et conclues antérieurement, au nom et pour le compte de banquiers français et belges, que je suis à même de tenir l'engagement que je prends ici. »

« *Signé* A. G. »

Le même écrit de Bruxelles, à la date du 4 mai dernier :

« Je comprends, mon cher monsieur, toute votre impatience ; mais si vous connaissiez de votre côté la prudente lenteur que mettent nos banquiers et négocians dans leurs décisions, vous comprendriez de votre côté pourquoi je ne puis marcher plus vite. Vous ne sauriez croire à combien de réflexions, je dirai même de demandes ridicules, il me faut répondre. Il semble d'ailleurs que les journalistes se soient donné le mot pour me faire reculer de trois pas chaque fois que j'en ai fait deux en avant. Un jour ils racontent que le maréchal Clauzel, etc. Que sais-je? Il n'est point de bruit si absurde qui ne trouve des gens pour y attacher de l'importance, et cela nous gêne beaucoup, car je puis vous affirmer que l'espoir de faire ici le capital de cette banque me serait enlevé le jour où le maréchal quitterait le gouvernement d'Alger. Nos banquiers n'y mettraient pas un florin. etc. »

M. Hambro, banquier de Copenhague, écrit à la date du 7 mai 1836 :

« M. le Maréchal,

» Appelé par mes affaires dans le midi de la France la curiosité m'a pris d'aller visiter Alger.

» Je vous avoue que la situation de la ville et des environs a surpassé de beaucoup l'idée que je m'en étais formée à distance. J'ai acquis la conviction, d'après l'exemple du prince de Mir, qui a si bien réussi à la Rassotta, qu'il est possible de cultiver le nord de l'Afrique par le *double concours des Arabes et des Français, etc.*

» J'ajouterai même que la bonne qualité du sol de la Medidja ne me paraît pas avoir été exagérée par ceux qui l'ont tant vantée.

» Je me plais également à reconnaître, etc. »

Il ajoute : « Cependant, malgré ces bonnes chances de succès pour des entreprises commerciales ou agricoles, j'hésite à prendre des intérêts à Alger dans des opérations quelconques, parce que l'opinion de la Chambre des Députés ne me paraît pas favorable au développement de la colonisation. Sous ce rapport, l'incertitude existe toujours, et vous conviendrez, M. le Maréchal, que ce serait manquer de prudence que de risquer des capitaux sans une confiance entière dans la stabilité du pays et le développement progressif des industries... Si ces garanties existaient, je serais disposé à placer des fonds dans diverses entreprises. Mais je crois devoir m'abstenir de tout engagement et de tout projet, jusqu'à ce que la Chambre des Députés m'ait éclairé sur ce que l'on veut faire décidément d'Alger. »

On écrit d'Alger à la date du 12 avril 1836.

« Monsieur le Maréchal,

« Je pense que le voyage que vous allez faire à Paris, a pour but principal, de repousser les attaques dirigées contre notre belle colonie, dans cette persuasion, je prends la liberté de vous faire observer que les plus grands ennemis de notre prospérité, ne sont ici ni les Adjoutes ni les Kabaïls,

mais bien ceux qui trompent les membres de la
Chambre, qui à chaque session se font un malin
plaisir de mettre notre existence en question et
pour vous le prouver, je vais vous copier deux ex-
traits de lettres pris au hasard dans ma correspondance.

Paris 28 février 1836,

« Je vous remercie des renseignemens..... à la
« réception de votre lettre moi et mes amis étions
« bien décidés à vous charger de faire ces acqui-
« sitions pour notre compte, mais les discussions
« des bureaux de la Chambre nous ont fait chan-
« ger d'avis, si ces discussions finissent par pro-
« voquer une reconnaissance définitive de notre
« pays il est probable que nous renouerons nos
« projets, dans ce cas.

Signé DAUBERMENIL.

Paris 21 février 1836

« Si, au reçu de la présente, vous n'avez pas ter-
« miné l'achat de Ouch-Boukandoure veuillez n'en
« rien faire, je suis informé de bonne part que les
« Chambres ne veulent pas que l'on colonise la
« plaine, et ont le projet de faire décider qu'on se
« bornera à l'occupation militaire, en attendant le
« résultat de ce débat, il faut tout suspendre »

Signé J. J. COSTE.

« J'ai reçu, depuis deux mois, au moins vingt lettres dans le genre de celles qui précèdent, et je sais que beaucoup d'autres maisons en ont reçu aussi dans le même genre, ce qui prouve à mon avis que si on voulait nous laisser tranquilles, nous n'aurions besoin du secours de personne, les capitaux et les bras nous arriveraient en abondance, et dans quelques années nous aurions un des plus beaux pays du monde.

« Je vous souhaite, Monsieur le maréchal, un bon voyage et un prompt retour. Agréez etc. »

« *Signé*. J. B. Gaudoy. »

On écrit d'Alger, à la date du 10 avril 1836.

« Monsieur le gouverneur,

« Je m'empresse de vous faire part d'une lettre que je reçois par le courrier de M. le comte de Gaalon de Bordeaux; il y a quelques mois que votre nomination au gouvernement d'Alger l'avait décidé comme beaucoup d'autres à venir dans la colonie; il acheta pendant son séjour des propriétés d'une grande étendue. Il était retourné à Bordeaux dans l'intention de réaliser sa fortune et d'apporter cinq à six cent mille francs en Afrique, mais les discussions de la Chambre viennent de suspendre ses projets, comme elles arrêteront toujours tous les établissemens qu'on pourrait avoir le désir de former tant qu'elles persisteront à mettre chaque année notre existence en question.

« Un pays, me dit M. de Gaalon, qu'on menaçe
« tous les ans d'abandonner ne peut avoir aucun
« avenir. Quoique mes goûts et ma santé dussent me
« porter à préférer Alger à Bordeaux, je renonçe à
« m'établir en Afrique; si vous trouvez à vendre ou
« à louer ce que j'ai acheté, faites ce que vous ju-
« gerez le plus convenable à mes intérêts. »

M. Paillette, habitant de Bordeaux, et riche planteur de cotons à la Nouvelle-Orléans, ainsi qu'un
grand nombre de propriétaires et de capitalistes,
m'ont tenu le même langage : je me borne à vous ci-
ter ces deux personnes, parce que l'une et l'autre
ont des connaissances précieuses pour la colonie,
M. de Gaalon étant aussi un riche planteur de la
Guadeloupe.

J'ai l'honneur. etc. « *Signé* E. Duchassaing. »

Extrait d'une lettre de M. de Gaalon à M. Oury
notaire à Alger.

Castres 2 avril 1836,

« Monsieur,

« Il paraît que mon absence est très préjudiciable
à ma briqueterie, et ne prévoyant pas que je puisse
jamais aller habiter votre beau pays, je vous prie de
vendre cet établissement qui sera pour tout autre
une bonne spéculation..... Si le gouvernement ma-
nifestait l'intention de protéger les établissemens

des français sur le territoire d'Alger, j'aurais conservé ce que j'y ai, et même j'aurais fait emplette
de la propriété rurale de M. Duchassaing, j'eusse eu
un intérêt dans ses constructions ; mais la France
retirant ses troupes, et le gouvernement manifestant
l'intention de ne eonserver que des points militaires sur le littoral africain , je crois que ce serait
une bien hasardeuse spéculation, que de porter ses
capitaux dans un pays sans cesse menacé d'abandon..... Je crois qu'Alger offrirait de bien grandes
ressources à la France, si l'indécision ne pesait pas
toujours sur cette colonie.

*A la date du   14 mai 1836, le président de la Société
coloniale d'Alger, écrit :*

« Monsieur le maréchal,

Je m'empresse de mettre à votre disposition quelques renseignemens nouveaux parvenus à la Société
coloniale, et qu'il vous appartient de faire valoir
auprès de la sous-commission du budget, comme
une preuve de plus, du mal que nous ressentons,
de voir chaque année l'existence de la colonie remise en question, et de la fâcheuse impression qui
s'est attachée aux propositions qui paraissent devoir être soumises sous peu de jours à la Chambre
des députés ; au sujet de notre budget particulier.

MM. Belbèze aîné, et Auguste Belbèze de Moissac (Tarn et Garonne,) Philippe Ouffour, propriétaire à Astaffort (Lot et Garonne), Joncas, de Lectoure (Gers), Dupré Ballande, négociant de Bordeaux, étaient sur le point de venir à Alger pour y faire des acquisitions de terrains qu'ils voulaient cultiver. *Tous ont écrit* : qu'ils étaient arrêtés par la discussion des Chambres, et qu'ils voulaient maintenant attendre que le budget fut voté.

MM. Lezat de la Haute-Garonne, Laroque de Toulouse et Béziat de Verdun se trouvent dans la même position, et ont écrit dans le même sens.

Il en est de même de messieurs

Moncer, d'Avignon, représentant une compagnie qui voulait acheter 1500 hectares dans la plaine.

Monnot, de Châlons, représentant sa maison, et dix autres particuliers, qui lui avaient donné mandat d'acheter autant de fermes dans la plaine. Il est venu à Alger, et en est reparti sur les nouvelles instructions de ses mandans, provoquées par les délibérations de la commission du budget.

Emery, de la Drôme, qui voulait acheter quatre fermes, et qui n'a pas donné suite à ses projets, dans la crainte d'un vote peu favorable à la colonie, de la part de la Chambre des députés.

Son et Roussel, représentant une Société philanthropique de France et de Genève, pour l'établissement de plusieurs villages dans la plaine, avec un capital d'un million. Ils sont à Alger, et attendent le résultat des Chambres.

Ganier et Kobel, de Lyon, et une Compagnie qu'ils représentent, avaient envoyé un agent à Alger, mais il a reçu ordre de ne faire aucun achat jusqu'après le vote du budget. Ils devaient acheter de 1500 à 2,000 hectares dans la plaine.

Lecouturier, de Rouen, qui arrivé à Alger, pour acheter deux fermes dans la plaine, a été arrêté par la décision de la commission du budget.

Vacquet et compagnie, Buffard, Rosset, Trollier, Thibaudier frères, de Lyon; Labrosse de Rouen; Roche fils, Briandas, de Lyon; qui n'attendent que la décision des Chambres pour mettre en culture les terres qu'ils ont achetées, et pour doubler même leurs acquisitions.

Indépendamment des personnes dont je viens de rappeler les noms, il en est encore d'autres qui avaient le désir de se fixer à Alger pour s'y livrer à des travaux agricoles et qui ont renoncé à leurs projets pour ne pas être exposés à de fausses dépenses et à des pertes. Si la Chambre des députés ou le gouvernement proposaient l'abandon de la colonie, les noms de ces personnes pourront être cités; mais leurs correspondans d'Alger ne se croient pas quant à présent suffisamment autorisés pour les faire connaître. Puissent les pressentimens et les craintes, ainsi soulevées à l'occasion de notre avenir ne jamais se réaliser!

Vous avez triomphé partout, M. le Maréchal, en Afrique; il vous reste encore à triompher en France, soyez donc deux fois notre sauveur, (*Signé*) Filhon,

A ces citations de lettres et des propositions qu'elles contiennent; citations que nous aurions pu rendre bien plus nombreuses, nous n'ajouterons qu'un seul fait, que nous trouvons dans une lettre de ce jour qui nous est adressée par le directeur des finances d'Alger!

« Du 1er août 1834, au 1er août 1835, il n'a été formé que quinze demandes en concession de terrains, et depuis le 1er août époque de la venue du maréchal, jusqu'au 1er mai de cette année il en a déjà été formé deux cent quarante. »

IMPRIMERIE DE J.-A. BOUDON, RUE MONMARTRE, 131.